Simon Pauli

Trostpredigt - bei der fürstlichen Leiche

Simon Pauli

Trostpredigt - bei der fürstlichen Leiche

ISBN/EAN: 9783743404021

Hergestellt in Europa, USA, Kanada, Australien, Japan

Cover: Foto ©ninafisch / pixelio.de

Simon Pauli

Trostpredigt - bei der fürstlichen Leiche

Trostpredigt
Bey der Fürstlichen Leiche/
Der Durchleuchtigen Hochgebornen Fürstin vnd Frawen/ Fraw
ELISABETH/
geborn aus Königlichem stam zu Denmarcken etc. Hertzogin zu Meckelnburg/ Fürstin zu Wenden/ Grewin zu Schwerin/ der Lande Rostog vnd Stargard Frawen/
Zu Schwan im Hertzogthumb Meckelnburg/ Anno 1586. den 23. Octobris/ geschehen vnd gethan/ durch
SIMONEM PAVLI
der Heiligen Schrifft Doctorem/ Superintendenten vnd Professoren zu Rostog.

Rostog
Durch Stephan Müllman gedruckt.
Anno
M. D. LXXXVI.

Dem Durchleuchtigen/ Hochgebornen Fürsten vnd Herrn/ Herrn Ulrichen/ Hertzogen zu Meckelnburg/ Fürsten zu Wenden/ Grauen zu Schwerin/ der Lande Rostog vnd Stargard Herrn/ meinem gnedigen Landesfürsten vnd Herrn.

Vrchleuchtiger/ Hochgeborner Fürst vnd Herr/ E. F. G. ist mein andechtiges Gebett/ sampt meinen vnterthenigen gehorsamen diensten/ höhestes vleisses allezeit zuuor. Gnediger Herr. Ob wol der altvater Abraham/ welchen Gottes wort allen Heiligen zum Exempel vnd Fürbilde/ des glaubens vnd der Gottseligkeit fürstellet/ ein solcher gros vnd starckmütiger Heldt gewesen/ das er auff Göttlichen befehl/ nicht allein sein Vaterland/ seines Vaters haus/ vnd seine Freundschafft verlassen/ vnd in ein frembd Land hat ausgehen können/ sondern auch seinen einigen Son Isaac/ von der Sara jme geborn/ welchen er hertzlich liebete/ opffern wollen/ sintemal er den Altar gebawet/ das holtz darauff gelegt/ vnd seine hande/ darin er das Messer gefasset/ bereit ausgestrecht vnd auffgehoben/ jn damit zu schlachten/ vnd jn gewislich/ wo nicht der Engel des HERRN geruffen: Abraham/ Abraham/ lege deine hand nicht an den Knaben vnd thue jme nichts/ Denn nu weis ich das du Gott fürchtest/ vnd hast deines einigen Sons nicht verschonet vmb meinent willen/ getödet/ zerstuckt vnd verbrandt hatte: So hat er doch seine hertzliebe Haußfrawe Saram/ als die gestorben war/ trawrig vnd betrübet geklaget/ vnd bitterlich vnd schmertzlich beweinet/ dardurch wir geleret werden/ das keine grössere trawrigkeit vnd kein bitterer

Gen. 12.

A ij   schmer-

schmertze sey/ fürnemlich in Helden leuten vnnd fürtrefflichen Naturen/ denn der ist / so in jnen entstehet hierauß / wenn jre liebe Ehegaten durch den Natürlichen tod von jnen abgefoddert vnnd gescheiden werden.   Demnach gnediger Fürst vnd Herr/ weil E. F. G. in welches Fürstlichen hertzen/ als in einer fürtrefflichen Helden natur/ die Eheliche liebe fewriger/ brünstiger/ krefftiger vnd grösser ist/ den in andern gemeinen Leuten/ diesmal wegen derselben Gottseligen/ Christlichen/ vielgeliebten Gemahlin / der Durchleuchtigen Hochgebornen Fürstin vnd Frawen/ Fraw Elisabeth geborn aus Königlichem stam zu Denniemarcken etc. weiland gewesenen Hertzogin zu Meckelnburg etc. mit welcher E.F.G. in das ein vnd dreissigste Jahr/ in sonderlicher grosser vertrawter liebe vnd einigkeit gelebet/ in grosser schmertzlicher trawrigkeit vn̄ betrübnis sein: Als habe ich zu Schwan in E.F.G.Fürstenthumb Meckelnburg/ am 23. tag Octobris dieses 1586. Jars/ wie domals die Fürstliche Leiche in die Kirche daselbst gesetzt war/ E.F.G. mir vnd andern/ die wir mit derselben billig trawrig vnd betrübet sind/ zu trost/ eine kurtze Trostpredigt gethan/ welche ich hierumb durch den offentlichen Druck publicieren vnd außgehen lassen wollen/ das ich so wol gegen E. F. G. Gottseligen Gemahlin/Christmilter/Hochloblicher gedechtnis/ die mir viel Jar hero/ mit sonderlichen gnaden wolgewogen gewesen/ vnd von Gottes wort vnd Kirchen sachen viel mit mir geredet/ Auch mir vnd den Kirchen in diesen Landen viel vnd grosse Fürstliche guthaten erzeiget hat/ als auch gegen E. F. G. meinem loblichen gnedigen Landesfürsten vnd Herrn/ für die mir von E. F. G. gleichfals viele vnd grosse Fürstliche guthaten/ vnd das für die gemelte Predigt zu Schwan alsbald E. F. G. mich Fürstlich in allen gnaden verehret haben/ mein vntertheniges mitleidendes hertz vnd gemüte/ vnterthenig erzeigen vnd darthun möge.   Zweiffel nicht/ E. F. G. werden sich solches gnedig wolgefallen lassen/ vnd mein gnediger Herr ferner sein vnd bleiben. Bitte mit Hertz vnd Mund/ Gott den ewigen bigen himelschen Vater/ den Gott alles trostes/ der vns tröstet in alle vnserm trübsal/ das er vmb seines geliebten Sons vnsers Herrn vnd Heilandes Jesu Christi willen/ in dieser E. F. G. grossen trübsal vnd trawrigkeit/ lebendigen krefftigen trost durch seinen heiligen Geist in E. F. G. hertz krefftiglich spreche/ vnd darin reichlich wircke vnd vermehre.

Thue hiemit E. F. G. einen waren Pfleger vnd Seugammen der Kirchen vnd Schulen/ vnd einen Vater des Vaterlandes/ demselben vnserm einigen waren Gott/ Gott dem ewigen himlischen Vater/ Gott dem ewigen Son/ vnd Gott dem ewigen heiligen Geist/ zu glücklicher friedsamer regierung/ lange gesund/ vnd für allem vbel Leibes vnd der Seelen bewaret/ empfelen. Datum in E. F. G. Stad Rostog/ Anno 1586. den 19. Nouemb. an welchem tage An. 1231. heute vor 355. Jaren S. Elisabeth des Königs zu Vngern Herrn Andres tochter/ vnd des Landgrauen in Thüringen vnd Hessen/ Herrn Ludwigs gemahl zu Marpurg in Hessen gestorben/ vnd hernacher/ weil sie in jrem leben Gottselig vnd Christlich für andern gelebet/ vnd den Armen viel guts gethan/ vnter die Heiligen auffgenomen vnd gezellet worden. Dieser S. Elisabeth wie mit dem Namen/ vnd an Königlicher geburt/ also auch an Christlicher Gottseligkeit/ an allen Königlichen tugenden/ vnd an wolthat gegen Kirchen/ Schulen vnd die
Armen/ ist E. F. G. Gemahlin
gleich gewesen.

E. F. G.

geborner vnterthan vnd vnter-
theniger gehorsamer Diener

Simon Pauli.

Die wort dauon wir vermittels Göttlicher
gnediger verleihung vnd hülff / bey dieser Fürstlichen
Leiche eine kurtze Trostpredigt thun
wollen / beschreibet S. Paulus
1. Corinth. 15.

Sjehe / Ich sage euch ein Geheimnis.
Wir werden nicht alle entschlaffen / wir
werden aber alle verwandelt werden / vnd
dasselbige plötzlich in einem augenblick / zur zeit
der letzten Posaunen. Denn es wird die Posaune
schallen / vnd die Todten werden auff=
erstehen vnuerweslich / vnd wir werden verwandelt
werden. Denn dis verwesliche
mus anzihen das vnuerwesliche / vnd dis
sterbliche mus anzihen die vnsterbligkeit.

Wenn aber dis verwesliche wird anzihen
das vnuerwesliche / vnd dis sterbliche wird
anzihen die vnsterbligkeit / denn wird erfüllet
werden das wort das geschrieben stehet: Der
Tod ist verschlungen in den Sieg. Tod / wo
ist dein stachel? Helle / wo ist dein Sieg? Aber
der stachel des Todes ist die Sünde / die
krafft aber der Sünde ist das Gesetze. Gott
aber sey danck / der vns den Sieg gibt / durch
vnsern HERRN Jesum Christum.

Osee 13.

Der

DEr fürnemeste/ angenemeste vnd krefftig-
ste trost/ den wir menschen/ so wol in vnserm eigen/ als der vnsern seligen abster-
ben/ vnd sonsten in allem andern vnserm
anligen vnd trübsall dieses elenden/jemer-
lichen/ mühseligen/ betrübeten vnd trawrigen lebens/
haben/ ist dieser/ welcher von der frölichen Aufferstehung am Jüngsten tage/ vnd dem ewigen leben genomen wird. Denn ob wir wol in allem vnserm trüb-
sal/ vnd fürnemlich in der grossen vnd schmertzlichen
trawrigkeit/ so sich aus der vnsern absterben verur-
sacht/ krefftig getröstet werden/ mit diesem vnd der-
gleichen trost: Das wir nicht on gefehr leiden/ sondern alles was vns widerfahret/ her kome von Gott
dem HERRN/ der auch alle hare vnsers Heubtes ge-
zelet/ Matt. 10. alle tage/ die wir vnd die vnsern leben
sollen/ auff sein Buch geschrieben/ Psalm 139. vnd
einem jeden sein ziel/ das er nicht vber gehen kan/ ge-
sent habe Job 14. Das Gott der HERR gedult im
Creutz vnd leiden gebiete vnd foddere/ vnd wir hierin/
wie in allem andern/ das er beschlet/ jme gehorsam zu
leisten/ schüldig sein Luc. 21. 1.Corinth.10. Ebre. 10.
Psalm 36. Das nicht allein wir leiden/ sondern auch
alle heiligen Gottes zu allen zeiten/ ja der Son Gottes
selbst/ welches ebenbild wir im Creutz vnd leiden gleich
werden vnd sein mussen (Rom. 8.) gelidden: Das
besser sey/ Creutz alse gute tage haben/ sintemal/ wie
das gemeine Sprichwort lautet/ es starcke beine/ die
gute tage tragen sollen/ sein mussen: Das Gott der
HERR das Creutze vns zu gute/ vns aufflege/ vnd
alle ding vns zum besten dienen musse Rom. 8. Das
Gott der HERR das Creutze widerumb von vns
wegne-

wegnemen/ oder vns je lindern werde/ vnd er also getrew sey / das er vns nicht lasse versuchen vber vnser vermügen/ sondern mache das die versuchung so ein ende gewinne/ das wirs ertragen können/ 1. Corint. 10. Das ein geengster Geist Gott dem HERrn ein wolgefelligs opffer sey / vnd er ein geengstes vnd zuschlagin hertz nicht verachte. Psal. 51. Er auch den elenden vnd der zubrochens Geistes ist/ansehe Esa. 66. vnd das kein Creutze vnd trübsal von der liebe Gottes (damit er vns liebet) in Christo Jesu vnserm HERrn/ vns scheiden möge Rom. 8. So ist doch am aller angenemesten vnd krefftigsten dieser trost/ der am meisten das hertze rüret / vnd es zu innerlicher frewden beweget/ der genomen wird von der aufferstehung am Jüngsten tage/ vnd von dem ewigen leben. Deñ wir Menschen sind also von Gott dem HERRN erschaffen/das wir die vnsern lieben/ vnd wenn wir sie vmb vnd bey vns haben/ vns frewen/ dagegen aber/ wenn sie durch den natürlichen Tod von vns abgefoddert vnd gescheiden werden/ trawren vnd weinen müssen/ vnd weil wir nach jrem absterben/ stets gedencken vnd vns fürbilden/ wie sie gesehen/ gegangen/ gestanden/ gesessen/ geredet vnd geberdet/ vnd derenthalben sie gegenwertig widerumb zu sehen vnd zusprechen / vnd bey vnd vmb vns zuhaben/ mit hertzlichem vnd schmertzlichem verlangen begeren/ so können wir nicht friedlich sein/ noch krefftig getröstet werden/ es sey den/ das wir aus Gottes wort hören vnd gleuben/ das wir vnd die vnsern am Jüngsten tage aufferweckt/ oder da etliche vberbleiben/ dieselben verwandelt werden zum ewigen leben/ da Gott alle thrænen von vnsern vnd jren augen abwaschen / alle vnsere trawrigkeit in ewige frewde verkeren/ vnd vns

die vndie vnseren/ vnd jnen vns widerumb geben vnd zubringen werde/ das wir ohn alles ferners scheiden/ in der gegenwertigen ewigen frewden geselschafft der heiligen Dreyfaltigkeit/ der heiligen Engel/ vnd aller auserwelten seligen Menschen mit einander ewig leben/ vnd ewig vns kennen vnd sprechen werden. Daher dan der heilige Job/ welches grosse gedult im Creutz vnd leiden für andern gerhümet wird/ sich in seinem vielfeltigen Creutz vnd leiden/ darunter das grösseste vnd schwereste ist/ das er auff einem tage alle seine Kinder/ durchs niderfallen des Hauses/ darin sie waren/ ertruckt vnd vmbkomen sind/ verlieret/ vnd mit Schweren vnd kranckheiten an seinem Leibe also geplaget wird/ das er des todes sich erwegen mus/ sich mit der frölichen aufferstehung am Jüngesten tage tröstet/ da er also spricht in seinem Buche cap. 19. Ach das meine rede geschrieben würden/ Ach das sie in ein Buch gestellet würden/ mit einem eisern griffel auff Bley/ vnd zu ewigem gedechtnis in einen Fels gehawen würden: Ich weis das mein Erlöser lebet/ vnd er wird mich hernach aus der Erden auffwecken/ vnd werde darnach mit dieser meiner Haut vmbgeben werden/ vnd werde in meinem fleische Gott sehen/ denselben werde ich mir sehen/ meine Augen werden jn schawen/ vnd kein frembder.

Des heiligen Jobs meinung ist/ Mir sind alle meine Kinder/ dauon ich trost haben solte/ auff eine zeit zugleich vmbkomen/ mein Vieh vnd gut ist mir geraubet vn verbrand/ vnd ich selbst bin mit bösen schweren von der fussolen an bis auff meine scheitel geschlagen/ mein Weib vnd Freunde spotten mein/ vnd bin also alles menschlichen vnd weltlichen trostes beraubet:

B　　　　　　　　　　　　　　Aber

Aber dieser hoher trost/ den ich auffzuschreiben begere/ ist nur in meinen schos beygelegt/ vnd bleibet mir in dieser meiner trübsal/ dadurch die kreffte meines leibes/ wie der Ebreischer text hat/ verzeret werden: Ich weis das mein Erlöser Jesus Christus lebet/ vnd ob er wol in Menschlicher natur/ die er an sich nemen vnd persönlich sich vereinigen wird/ sterben/ vnd den tod vmb vnser sünde willen leiden wird/ So wird er doch am dritten tage vmb vnser Gerechtigkeit willen vom tode widerumb auffstehen vnd ewig leben/ vnd wie er auffstehet vnd ewig lebet/ so wird er mich auch hernacher aus dem staube der erden auffwecken/mich eben mit dieser meiner haut/ doch ohn feil vnd gebrechen/ die sie itz hat/ widerumb vmbgeben/ das ich vnd kein ander oder frembder in meinem itzigen fleische vnd nichtigem Leibe/ welchen er also verkleren wird/ das er seinem verklerten Leibe gleich sey/ Gott sehen/ vnd mit meinen itzigen augen jn schawen werde. Also vermanet S. Paul. 1. Thes: 4. das wir mit der frölichen aufferstehung am Jüngsten tage/ welcher grundfest vnd vrsach ist der tod vnd die aufferstehung Jesu Christi/vns vnternander trösten sollen. So tröstet euch vntereinander/ spricht er/ mit diesen worten.

Weil dan zu dieser zeit/ sich der trawriger vnd betrübter fall/ mit der Durchleutigen Hochgebornen Fürstin vñ Frawen/ Fraw Elisabeth/geborn aus Königlichem stam zu Dennemarcken etc. vnd Hertzogin zu Meckelnburg ect. sich begeben vnd zugetragen/nicht was J. F. G. von derer augen Gott alle threnen abgewaschen/ vnd jre selige Seele mit solcher grossen Himelschen frewden erfüllet/ das sie nicht an jenige dieser Welt trawrigkeit mehr gedencken kan/ sondern was
vns/

vns/ die wir vber J. F. G. absterben billig leid tragen vnd trawrig sein/ angehet: So habe ich vnserm löblichen vnd gnedigen Landesfürsten vnd Herrn/ vnd vns semptlichen/ den abgelesen Text zum trost zuerkleren für mich genomen/ das wir auch der zeit jr recht thun. Denn ob wol das gepreng vnd die Mißbreuche/ so man im Babstum/ mit Vigilien vnd Seelmessen/ bey den Leichen gehalten/ als Gottlos vnd Gotteslesterlich in vnsern Kirchen billig abgeschaffet sind: So ist dennoch dieser Gottesdienst nicht zu vnterlassen/ das wir dabey Gottes wort Predigen vnd Geistliche Lieder singen/ das dadurch Gott gepreiset/ vnd die lebendigen getröstet/ im glauben gesterckt vnd gebessert werden.

Vom Propheten Jeremia stehet geschrieben/ 2. Chron. 35. das er den fromen Gottseligen König Josiam beklaget/ vnd alle Senger vnd Sengerinnen jre Klagelieder vber jn geredet oder gesungen haben/ das bey zweiffels ohn Predigten aus Gottes wort mit geschehen sind. Also klage auch ich als ein Prediger billig diese Christliche/selige/frome Fürstin/ vnd thue diese Predigt aus Gottes wort/ weil J. F. G. Gottes wort hertzlich geliebet/ mir sonderlich mit allen gnaden wolgewogen gewesen/ vnd mir vnd andern Predigern alle befodderung vnd viele gnedige guttthaten gnedig erzeigt vnd bewiesen haben. Es sind aber aus den abgelesenen worten S. Pauli 1. Corinth. 15. kurtzlich zwey stücke zu mercken.

Das erste ist ein geheimnis so nicht allen bekant/ vnd nirgent anderswo mehr geschrieben ist vnd gelesen wird/hie von/wie es am Jüngsten tage zugehen werde/ nemlich/ das nicht alle Menschen als dan werden entschlaf-

B ij

schlaffen sein/ aber alle verwandelt werden.

Das ander ist hie von/ was sich hierauff ferner im ewigen leben mit den Gottseligen begeben/ vnd sie alda thun vnd verrichten werden/ Vnd von der vrsache der Aufferstehung so da ist der Sieg JEsu CHRisti/ dadurch er den Tod verschlungen/ die Helle vberwunnen/ die Sünde vertilget/ vnd für die vbertretung des Gesetzes/ von vns begangen/ genug gethan vnd bezalet hat.

Das wir diese stücke also mögen Predigen/ handelen/ hören vnd lernen/ das es gereiche zu Gottes ehren/ zu heilsamer lere/ warem Trost/ vnd nützlicher vermanung/ darauff rechte bekerung vnd Gottselig leben/ folge/ dazu verleihe vns vnser warer barmhertziger gnediger Gott/ vmb seines geliebten Sons vnsers HERRN vnd einigen erlösers vnd seligmachers Jesu Christi willen/ seinen heiligen Geist vnd seine gnade/ Amen.

Das Erste stücke.

Sihe/ ich sage euch ein geheimnis.

Der Apostel S. Paul handelt im gantzen 15. Capitel seiner ersten Epistel an die Corinther/ die lere von der Todten aufferstehung vollenkomen. Zum ersten erweiset er das die Todten gewisse auffstehen/ vnd leget zum grundfest dieser aufferstehung den Tod/ die Begrebnis vnd die aufferstehung vnsers HERRn Jesu Christi. Christus/ spricht er/ ist gestorben/ begraben vnd vom Tode am dritten tage widerumb aufferstanden/ Darumb werden die/ so gestorben vnd begraben sind/

sind / auch vom tode auffstehen. Denn darumb ist
Christus Mensch geworden/ gestorben/ begraben/ vnd
widerumb vom tode aufferstanden/ das die Todten
durch jn sollen auffstehen. Denn / wie er in diesem
selben Capitel spricht/ ist Christus der erstling geworden vnter denen die da schlaffen/ Sintemal durch einen
Menschen (Adam) der tod/ vnd durch einen Menschen (IESVM CHRISTVM) die aufferstehung
der Todten komet. Denn gleich wie sie in Adam alle
sterben/ also werden sie in Christo alle lebendig gemacht werden. Das aber Christus gestorben/ begraben vnd aufferstanden ist/ solches bezeuget zum ersten
die schrifft etliche tausent vnd hundert Jar zuuor/ daher
dan/ weil die Schrifft auch mit verkündigt/ das am
Jüngsten tage die Todten auffstehen werden/ so mus
die aufferstehung der todten gewislich folgen/ Sintemal weil das eine gewisse geschehen ist/ das ander auch
nicht ausbleiben werde. Darnach ist Christus von
vielen/ vnd zu lest auch von mir/ spricht S. Paulus/
nach seiner frölichen aufferstehung gesehen worden/
Daraus dan abermal hell vnd klar folget/ weil er vom
tode aufferstanden/ das auch die todten gewislich am
Jüngsten tage auffstehen werden/ sintemal was am
heubte/ dasselbe auch an den gliedern geschihet. Der
vbrige beweis/ das die todten auffstehen/ welchen S.
Paulus 1. Cor. 15. führet/ mus alhie wegen der kurtzen
zeit verbey gangen werden/ vnd kan ein jeder jn selbst
alda lesen.

Zum andern handelt S. Paul. 1. Cor. 15. wie die
Todten werden auffstehen/ vnd mit welcherley Leibe
sie komen werden. Dis erkleret er mit feinen gleich-
nissen/ Zum ersten von Korn/ das gesect wird. Das

B iij   Korn

Korn wachſet nicht/ wo es nicht geſeet wird/ vnd in der Erden ſtirbt vñ verweſet. Deñ was ſonſten von Korn auffgeſchüttet vnd verbraucht wird/ das wachſet nicht: Alſo können die Leibe nicht komen vnd alſo wachſen zu der herrligkeit der verklerten Leibe im ewigem leben/ es ſey dan das ſie ſterben / in der Erde vorweſen/ vnd am Jüngſten tage daraus auffſtehen vnd verwandelt werden: Wie nu das Korn wenn es in die Erde geworffen vnd geſeet wird/ vnd verweſet widerumb lebendig wird/ das new Korn derſelbigen art daraus wachſet/ ſintemal wen weitzen geſeet wird/ weitzen/ wen rogken geſeet wird/ rogken/ wen gerſten geſeet wird/ gerſten draus wachſet: Alſo werden die Leibe ſo in der Erden verfaulen/ am Jüngſten tage von vnſerm HERRN Jeſu Chriſto aufferwecket/ auch widerumb lebendig/ vnd ob gleich viele in ein grab geſteckt vnd geſeet werden/ ſo krieget doch ein jeder Menſche ſeinen eigen Leib/ vnd eben denſelben/ mit der haut vnd mit dem fleiſch/ knochen / augen/ henden/ füſſen/ etc. damit er geſeet worden widerumb / aber viel herrlicher den er in dieſem leben geweſen/ ſintemal er gleich ſein wird dem verklerten leibe Jeſu Chriſti. Philip. 3.

Wenn einer nicht wüſte / noch geſehen hatte / wie das Korn aus der Erden wüchſe/ vnd ſehe das ein Ackerman zur ſaetzeit ginge auff dem Acker/ vnd würffe das korne in die Erden / ſo würde er gedencken vnd ſprechen / der Menſche mus nicht klug / ſondern tӧrich ſein / das er das liebe korn in die erd vnd dreck wirfft. Der aber das korn ſeet/ weis das es nicht wachſen kӧnne/ er ſee vnd werffe es dan in die erde/ gleubet auch/ das/ was er ſeet / ob es gleich in der erden verweſe / widerumb herfür kome/ lebendig werde vnd wachſe: Alſo
ſollen

sollen vnsere leibe komen zu des ewigen lebens herrligkeit / so müssen sie in die Erde gesäet werden vnd verwesen. Hiran soll sich niemand ergern vnd gedencken wie solches geschehen könne. Denn / kan vnser HERR Gott / jmer für vnd für / dis am korne thun / das es / wen es in die erde gesäet wird vnd verweset / durch seine Allmechtige Göttliche krafft mus wiederumb lebendig werden vnd erfür wachsen: So kan er auch dieselbige Allmechtige Göttliche krafft am jungsten tage an den menschen beweisen / das die / ob sie gleich in die erde gesteckt werden vnd darin verwesen / wiederumb daraus zum ewigen leben auffstehen. S. Augustinus spricht: Facilius est resuscitare quam creare. Es ist leichter vom Tode erwecken / denn etwas aus nichte schaffen vnd machen. Hat Gott der HERR vns menschen / da wir weder haut noch har / oder gar nichts gewesen / aus nichte können schaffen vnd bereiten / das wir jtz lebendige Menschen sein / so kan er vns viel mehr vom Tode auffwecken / das wir vnsere vorige leibe / die etwas gewesen sind / widerumb bekomen. Kan ein sterblicher krafftloser Mensche / der mit seinem vermügen gegen Gott den HERRN vnd desselben Göttliche Allmacht als nichts zu rechnen / aus Asche vom holtz gebrand / Glas das leuchtet vnd scheinet / machen vnd bereiten / so kan viel mehr der Allmechtige Gott aus der Asche von den Todten / widerumb lebendige Menschen machen / das sie gleich dem verklerten leibe Jesu Christi / helle leuchten vnd scheinen. Das ander gleichnis / damit S. Paulus / wie die Todten auffstehen / vnd mit welchem leibe sie komen werden / erkleret / nimpt er von der Sonnen / Mond vnd Sternen. Eine ander klarheit / spricht er / hat die Sonne / ein ander klarheit hat der Mond /

Ein.

ein ander klarheit haben die Sterne. Denn ein stern vbertrifft den andern nach der klarheit. Also auch die aufferstehung der Todten. Die meinung ist / das wie die Sterne am Himel vnterscheidliche klarheit haben/ vnd die eine für der andern klarer vnd heller leuchtet/ sintemal die Sonne heller vnd klarer leuchtet vnd scheinet als der Mond/ der Mond heller vnd klarer/ denn der liechte helle Morgenstern/ vnd dieser widerumb klarer als der stern / so Jupiter geheissen wird etc. Also/ ob wol alle Menschliche leibe nach der Aufferstehung am Jüngsten tage im ewigen leben/ herrlich leuchten vnd scheinen werden/ nach dem sie gleich werden/ wie nu zu mehrmalen gehöret ist/ dem verklerten Leibe Christi/ So wird doch der eine für dem andern im ewigen leben herrlicher/ darnach er gleubig gewesen/ vnd Gottselig gelebet/ leuchten/ wie dan widerumb vnter den verdammeten/ der eine wird grösser peine in der Hellen für dem andern ewig leiden. Matth. 11. Es wird Tiro / Sidon vnd dem Sodomer lande treglicher ergehen am Jüngsten gericht. Ach wie wird dis so wenig in acht gehabt vnd genomen. Mancher bemühet sich mit schwerer arbeit/ stetigem vleis/ vnd offt mit Leibes vnd lebens gefahr zu Wasser vnd Lande/ das er möge Reich werden/ vnd ein gros ansehen in dieser Welt haben. Wer gedencket aber hieran / das er so gleube vnd lebe / das er für andern im ewigen leben herrlicher leuchte/ vnd nicht harter denn andere in der Hellen gepeiniget vnd gequelet werde?

Diese lere aber beschleusset S. Paulus mit diesen worten: Dauon sage ich euch aber / lieben Brüder/ das fleisch vnd blut nicht können das reich Gottes ererben / auch wird das verwesliche nicht erben das vnuerwesliche.

weslice. S. Paulus spricht nicht / das fleisch vnd blut nicht auffstehen am Jüngsten tage / sondern das sie das reiche Gottes nicht erben. Denn der Leib stehet auff eben mit demselben fleisch vnd blut / damit er geseet wird / wie Job cap. 9. seines buchs spricht: Ich werde in meinem fleische Gott sehen / meine augen werden jn schawen vnd kein frembder. Aber alsdenn hat er nicht mehr solch sündlich fleisch vnd blut / wie er in diesem leben gehabt hat / sondern er hat ein Geistliches fleisch vnd blut / das mit keiner Sünde mehr verderbet / sondern derselben gantz los ist. Denn fleisch vnd blut heissen alhie die sündliche Natur / wie auch Joh. 3. Was aus dem fleisch geboren wird das ist fleisch / das ist / die geburt / so von sündlichen Eltern geschihet / die ist sündlich / Weil dan der sündliche Leib nicht kan das Reich Gottes erben / so mus er sterben / in der Erden verwesen / vnd in einen newen Geistlichen leib verwandelt werden / das die sünde daraus kome / vnd er also das reiche Gottes nicht als ein verdienst oder lohn / sondern als ein Erbe empfahe. Denn der Todt ist der Sünden sold. Aber die gabe Gottes ist das ewige leben in Christo Jesu vnserm HERRN. Rom. 6.

Im gleichen / weil der Leib / so lange er verweslich ist / nicht erben kan / die herrligkeit der vnuerweslichen leibe / so mus er sterben vnd verwesen / vnd widerumb auffstehen vnd verwandelt werden / in einen vnuerweslichen Leib. Hierauff folgen nu diese wort: Sihe / ich sage euch ein geheimnis. Wil sprechen / Ich wil euch was heimlichs sagen / das sonst nirgend geschrieben stehet / wie es am Jüngsten tage zugehen werde. Denn weil er gesagt / das niemand mit diesem Sündlichen leibe könne in das Himelreich komen / Sondern das aus diesem

ſem natürlichen/fleiſchlichen Leibe muſſe werden ein newer Geiſtlicher leib: als möchte jemand gedencken vnd fragen/ wie es den zugehen werde am Jüngſten tage/ ob als dan alle Menſchen werden Tod vnd begraben ſein/ vnd da etliche werden lebendig erfunden werden/ ob dieſelben alſo bleiben/ oder auch auffſtehen/ ſo ſie doch nicht begraben werden/ noch alſo verweſen/ wie die andern/ ſo zuuor geſtorben vnd begraben ſind. Auff dieſe frage antwortet S. Paul alſo.

Wir werden nicht alle entſchlaffen: Das iſt/ wir werden nicht alle am Jüngſten tage tode ſein/ ſondern werden noch viele zu der zeit leben/welchs auch der HERR Jeſus ſelbs bezeuget/ da er ſpricht Matt. 24. Luc. 17. Gleich wie es zur zeit Noe war/ alſo wird auch ſein die zukunfft des Menſchen Sons. Denn gleich wie ſie waren in den tagen vor der Sindflut/ ſie aſſen/ truncken/ freieten vnd lieſſen ſich freien/ bis an den tag da Noe zur Archen einging/ vnd ſie achtens nicht/ bis die Sindflut kam vnd nam ſie alle dahin/ Alſo wird auch ſein die zukunfft des Menſchen Sons. Denn werden zween auff dem felde ſein/ einer wird angenomen/vnd der ander wird verlaſſen werden. Zwo werden malen auff der Mülen/ eine wird angenomen vnd die ander wird verlaſſen. Zween werden auff einem bette ligen/ einer wird angenomen/ der ander wird verlaſſen werden. Ach wie elende werden nach ſehen die vorlaſſen werden. Laſſet vns aber zuſehen/ lieben brüder vnd lieben ſchweſtern/ das wir nicht vnter denen/ die verlaſſen/ ſondern vnter denen/ die angenomen werden/ gewislich ſein mögen. Ebre. 4. So laſſet vns nu fürchten/ das wir die verheiſſung einzukomen zu ſeiner ruge/ nicht verſeumen/ vnd vnſer keiner dahinden bleibe. Es

Es heisset aber S.Paul alhie/ vnd 1.Thes.4. der Gleubigen Gottseligen absterben nicht einen Tod/ sonder einen schlaff/ wie auch der HERR Christus thut Joh. 11. da er spricht: Lazarus vnser freund schlefft. Vnd Daniel cap.12. Viele so vnter der erden schlaffen ligen/ werden auffwachen/ etlich zum ewigen leben/ etliche zu ewiger schmach vnd schande. Den es hat mit der Christen todte eine gelegenheit wie mit dem schlaffe.

Zum ersten/ wie der schlaff allein den Leib/ vnd nicht die Seele mit angehet/ sintemal/ wenn der Mensche schlefft/ nur alleine der leib vn nicht die seele mit schlefft/ vnd wachet vnd lebet die Seele/ ob gleich der schlaffende leib nichts dauon weis: Also wen der leib tod ist/ so lebet die seele/ ob gleich der todte leib nichts dauon weis.

Zum andern/ wie der Mensche/ wenn er einschlefft nicht kan mercken/ wie er einschlaffe/ vn widerumb auff wache/ Also kan er auch nicht mercken wie er im todte verscheide/ vnd am Jüngsten tage widerumb auffwache.

Zum driten/ wie der schlaff dem Menschen/ der den gantzen tag geerbeitet vnd bemuhet gewesen/ dieser erbeit vnd aller muhe einen ende machet vnd bringet/ da her er auch nach dem abend/ das er müge schlaffen gehen/ sich sehnet/ also macht vnd bringet der tod einen ende aller arbeit vnd mühe/ so die Menschen in diesem leben haben vnd ausstehen. Es ist auch das köstlichste von diesem zeitlichen sterblichen leben/ mühe vñ arbeit/ wie der Man Gottes Moises spricht Psal. 90. Aber im todte kompt er zu ewiger Himlischer ruge. Sapiē.3. Die gerechten Seelen sind in Gottes hand/ vnd kein quale rüret sie an. Für den vnuerstendigen werden sie angesehen als stürben sie/ vnd jr abscheit wird für eine pein gerechnet/ vnd jr hinfart für ein verderben/ Aber

C ij sie sind

ſie ſind im friede. Apocal. 14. Selig ſind die Todten die im HERRN ſterben / von nu an. Ja der Geiſt ſpricht / das ſie rugen von jrer erbeit / denn jre wercke folgen jn nach. Demnach ſollen wir vns billig ſehnen nach dem natürlichen todte / weil dadurch vnſer mühe vnd erbeit dieſes elenden / jemerlichen / zeitlichen lebens geendigt wird / vnd wir darauff alsbald zu ewiger Himelſcher ruge komen. Da der HERR Jeſus ſpricht Joh. 11. Lazarus vnſer freund ſchlefft / aber ich gehe hin / das ich jn auffwecke / antworten jm ſeine Jünger: HERR / ſchlefft er ſo wird es beſſer mit jm. Alſo wird es mit vns Menſchen / die wir in ſtetiger vnruge vnd trübſal ſind / nicht ehe beſſer / wir entſchlaffen dan im natürlichen todte.

Zum vierdten / wie der Menſche / ſo den tag vber geerbeitet hat / durch den ſchlaff widerumb erfriſchet vnd ernewert wird / zu verrichten ſeiner eſchung erbeit wenn er widerumb auffſtehet: Alſo werden wir durch den natürlichen tod erquickt vnd erfriſchet / das wir geſchickt werden zuuerrichten die Geiſtlichen wercke im ewigen leben / dazu wir auffſtehen am Jüngſten tage.

Zum fünfften / wie die jenige welche ſchlaffen / durch ein geſchrey / ſtimme vnd dohn / auffgeweckt werden: Alſo werden am Jüngſten tage durch die Poſaune Gottes alle Todten aufferweckt / dauon bald hernacher folgen wird.

Wir werden aber alle verwandelt werden.

Alhie iſt die frage / ob die ſo am Jüngſten tage lebendig getroffen werden / gar nicht ſterben / vnd wie das verwandeln zugehen werde. Doctor Luther antwortet

wortet hierauff in seiner erklerung vber das 15. Capit. der ersten Epistel an die Corinther also: S. Paulus verneinet hie nicht / das wir alle sterben mussen / sondern also sagt er / das wir nicht alle entschlaffen sollen / das ist / die zur selben letzten stunde getroffen werden / die werden nicht also verscheiden / wie sonst ein Mensch auff dem Todbett / noch ins grab oder vnter die Erden gescharret werden. Denn hie heisset die Schrifft entschlaffen / so in den Sarck vnd ins grab komen. Aber diese werden aus diesem leben in jenes komen / also das sie nicht vnter die Erden komen / sondern schlecht sollen verwandelt oder verendert werden. Denn das Griechisch wort / so alhie stehet / heisset fürnemlich also verendern / das man von einer stet weg thut zu einer andern / alse aus dem Wasser auffs trucken land / von der Erden in die lufft: Also sol man vns / die wir oberbleiben / dort in einem augenblick anderswo / vnd auff andere weise finden / die wir dieselbe stunde zuuor hie auff Erden / im hause oder auff dem felde sein werden / vnd plozlich vom tisch oder bette / oder von der erbeit / wie wir gehen / stehen / sitzen oder ligen / weggerückt werden / also das wir in einem augenblick tod vnd wider lebend / vnd aller dinge verendert sein werden. Nach dem am Jüngsten tage der Himel vnd die Erde / vnd die wercke die drinnen sind / verbrennen / vnd die Element für hitze zerschmeltzen / vnd alles new werden mus / wie 2. Pet. 3. vnd Esa. 65. geschrieben stehet: So werden zu gleich mit / die da vberbleiben / in diesem fewer / das sie in einem augenblick tod vnd wider lebend sind / verwandelt.

Vnd dasselb plötzlich.

Der

Der Jüngste tag darauff die Todten auffstehen/ vnd die / so vber bleiben / verwandelt werden / wird plötzlich komen / Luc. 21. Wie ein fallstrick wird er komen vber alle die auff Erden wonen. 1. Theff. 5. Der tag des HERRN wird komen wie ein Dieb in der nacht. Denn wenn sie werden sagen / es ist friede/ Es hat keine fahr / So wird sie (die Gottlosen) das verderben schnel vberfallen / gleich wie der schmertz ein schwanger Weib. 2. Pet. 3. Es wird des HERRN tag komen als ein Dieb in der Nacht/ in welchem die Himel zergehen werden mit grossem krachen.

Im Augenblick.

Es sol alles zugleich in einem Nu also zugehen / das die Todten erfür aus den Grebern auffgeweckt vnd gerückt / vnd die da vberbleiben / wie vnd wo sie sind mit hingerafft / vnd mit einander verwandelt vnd verkleret werden.

Zur zeit der lesten Posaunen.

Das ist / zur letzten zeit am Jüngsten tage/ wenn der Son Gottes die Todten mit seiner stim auffwecken wird. Johan. 5. Es kompt die stunde/ in welcher alle die in den Grebern sind / werden seine (des Sons Gottes) stimme hören/ vnd werden erfür gehen/ die da guts gethan haben / zur aufferstehung des lebens/ die aber vbels gethan haben / zur aufferstehung des Gerichts.

Denn es wird die Posaune schallen/ vnd die Todten werden aufferstehen.

Das ist / der Son Gottes wird mit seiner stimme ruffen

ruffen / Stehet auff jr Todten vnd komet für Gerichte. So werden alsbald alle Todten auffstehen/ wie vom Tode auffstehen des Obersten von der Schule Töchterlin/ da er spricht Marc. 5. Talitha kumi, Megdlin ich sage dir/ stehe auff / Der Witwen zu Nain Son/ als der HERR spricht/ Luc. 7. Jüngling ich sage dir stehe auff/ Vnd Lazarus/ wie er ruffet / Johan. 11. Lazare kom heraus. Denn/ wie Cyrillus schreibet/ ist des HERRN Christi Göttliche vnd Allmechtige stimme so krefftig/ das/ wenn er in gemein gesprochen hette / Stehe auff/ alle Todten zugleich weren aufferstanden/sintemal eine solche allgemeine stimme alle getroffen hette. Diewil er aber einen jeden von den gemelten/ insonderheit anredet/ so bleiben die andern/ bis an den Jüngsten tag/ beligen. Wenn aber zu der zeit er in gemein/ wie gemeldet/ wird ruffen/ Stehet auff jr Todten vnd komet für Gerichte/ so werden sie alle zu gleich auffstehen. Kan der HERR den stinckenden Lazarum/ der vier tage gelegen/ auffwecken mit seiner allmechtigen Gottlichen stimme/ das jme der stanck vergehen/ vnd er an henden vnd füssen gebunden/ lebendig bey dem grabe stehen mus/ So kan er auch wol mit derselben Allmechtigen Gottlichen stimme alle Todten auffwecken/ das sie zu gleich lebendig aus den Grebern erfür komen. Es ist in der geschicht von Lazaro wol zu mercken/ das der HERR mit seiner stimme nicht alleine den Todten stinckenden leib Lazari lebendig macht/ vnd den stanck daraus wegthut vnd abschaffet/ Sondern auch/ das er jn zu gleich mit aus dem grabe zeugt. Denn Lazarus nicht aus dem grabe herfür gehet / sondern der HERR zeugt in her-

heraus mit seiner stimme/ vnd stellet jn dahin/ noch an
füssen vnd henden gebunden/ vnd am angesichte ver-
hüllet/ welchs hieraus helle vnd klar ist/ Das der HERR
zu denen/ so darumb stehen/ spricht: Löset jn auff vnd
lasset jn gehen. Kan der HERR/ wie gemeldet ist/
dis grosse wunderzeichen mit seiner stimme an dem Lazaro thun/ so kan er auch am Jüngsten tage alle Todten auffwecken/ vnd aus den grebern erfür bringen.

Vnuerweslich.

Hieuon hat S. Paul zuuor gesagt mit diesen worten:
Es wird gesëet verweslich/ das ist/ Es wird begraben
ein verweslicher leib/ der zu aschen vnd erden/ dauon er
genomen ist/ werden mus. Gen. 3. Es stehet aber
auff ein vnuerweslicher leib/ das ist/ der vnsterblich vnd
vnuerweslich ist/ vnd in alle ewigkeit bleibet.

Zum andern/ wird der leib gesëet in vnehren/ das
ist/ voller sünde/ von welcher wegen es jm mangelt an
dem rhum/ den er an Gott haben solte. Rom. 3. Vnd
ist da zu so vnwert/ das man dafür scheucht vnd fleucht
vnd die Nasen dafür zuhelt/ vnd damit zum grabe ei-
let/ Es sey Keyser/ König oder Fürst/ vnd beraubet
jn dazu aller seiner ehren vnd schmucks/ das er gar
nackend vnd blos ligt. Wenn ein Keyser oder König
begraben wird/ so lesset man jme nicht seinen Scepter
vnd Cron/ noch eine gülden ketten/ ja nicht einen fa-
den von seinen herrlichen vnd köstlichen kleidern/ sondern wird rein ausgezogen/ vnd jme nichts mehr/ den
ein Tuch vmbgehüllet. Es stehet aber der Leib widerumb auff in ehren/ das ist/ on Sünde/ vnd das er herrlich leuchte/ gleich dem verklerten leibe Jesu Christi/
dessen er einen anblick gegeben auff dem berge Thabor/
als sein angesichte geleuchtet hat wie die Sonne/ vnd
seine

seine kleider so helle vnd seer weis geworden sind wie
ein liecht vnd schnee/ das kein Ferber auff Erden sie so
weis machen kan.Matth.17. Marc.9.vnd Luc.9.

Zum dritten wird der leib geseet in schwacheit/ das
ist/ vielen kranckheiten/Augen vnd zanen wehe/dem hu-
sten/ stein/ fieber/ Pestilentz vnd andern vnterworffen.
So ist der eine blind/ der ander lam/ der dritte taub/ der
vierte höferich etc: Er stehet aber widerumb auff in
krafft/das ist/ starck vnd on alle diese gebrechen vnd
schwacheit.

Zum vierten/ wird geseet ein naturlicher leib/der na-
turliche eigenschafften hat/das er essen/trincken/ schlaff-
en/rugen/sich werinen vnd kleiden muß. etc. Es stehet
aber widerumb auff ein Geistlicher leib/ nicht das er
wird in einen Geist verwandelt werden/ sondern das er
Geistliche eigenschafften habe/ das er so liecht vnd klar
wird sein wie die lufft/ So scharff sehen vnd hören
wird/ so weit die welt ist/vnd das jm nicht hungere/nicht
dürste/ nicht friere etc Denn das angesichte Gottes/so
er allezeit gegenwertig sihet/ ist jme alles in allen. E-
ben gleicher gestalt geschihet die verwandelung mit den
jenigen/ so da oberbleiben am Jüngsten tage/ das aus
jren verweslichen leiben werden vnuerwesliche/aus iren
leiben/die in vnehren sein/ werden leibe/ die voller ehre
vnd herrligkeit sein/ das aus jren schwachen/ krefftige/
vnd aus jren natürlichen/ Geistliche leibe werden.

Vnd das sterbliche mus anzihen
die vnsterbligkeit.

Das ist/ was an dem leibe verweslich vnd sterblich ist/
das mus er ablegen wie ein altes kleid/ vnd widerumb
wie ein newes kleid anzihen das vnuerwesliche vnd die

D   vnsterb-

vnsterbligkeit. Er mus wen er zur zeit der letzten Posaunen wird entzückt vnd gen Himel gerückt werden/ nicht allein hie niden laſſen/was er in dieser welt gehabt vnd beseſſen/ sondern auch auszihen alles was das weltliche wesen belanget/als essen/ trincken/ ſchlaffen/ Das er keiner ſpeise noch trancks/noch erbeits/noch mühe/mehr bedürffe. Denn dis alles thut er ab in einem augenblick/ vnd wird vernewert nicht allein nach der Seelen/ sondern auch nach dem Leibe/ auff das er darnach ewig vnwandelbar/ vnuerweslich vnd vnsterblich bleibe.

Das Ander ſtücke.

Wenn aber dis verwesliche wird anzihen das vnuerwesliche/ vnd dis sterbliche wird anzihen die vnsterbligkeit.

Die leibe machens am Jüngſten tage mit dem verweslichen vnd der sterbligkeit als mit einem alten böſen Kleide/das sie ablegen/vnd dagegen mit dem vnuerweslichen vnd der vnsterbligkeit als mit einem newen Kleide/das sie widerumb anzihen vnd ewig damit herrlich vnd schon gekleidet vnd gezieret sein. Es ist dis leben vnd desselben wesen wie ein kleid / das wir menschen tragen/ aber hernacher müssen ablegen vnd ein anders anzihen. Der Tod macht den rock alt vnd zuriſſen/ das man ju mus auszihen vnd ablegen. Dagegen leget vnd zeuge vns an die aufferstehung vnd die verwandelung am Jüngsten tage / einen herrlichen/ prechtigen/ schönen newen rock/ welcher heiſſet vnuerwesligkeit vnd vnsterbligkeit/vns bereitet vnd gemacht durch den sieg vnsers HERRN vnd heilandes Jesu Christi.

Dem

Denn wird erfüllet werden das
Wort das geschrieben stehet.

Nemlich bey dem Propheten Osea am 13. Capitel / da
also gelesen wird: Ich wil sie erlösen aus der Helle / ja
vom tode will ich sie retten. Tod / ich will dir eine gifft
sein / Helle / ich will dir eine Pestilentz sein. Auff diesen
spruch sihet zweiffels on S. Paul / da er spricht.

Der Tod ist verschlungen in den Sieg.

Das ist: Der tod ist vberwunden vnd vertilget durch
den sieg vnsers HERRN Jesu Christi / den er in seiner frölichen aufferstehung wider zu erhalten hat / das
nu der tod / da niderligt / vnd keine macht zu schaden /
würgen vnd morden mehr hat. Denn Christus hat den
tod selbs getötet / vnd durch seinen sieg wider jn / in gar
verschlungen / wie hie von auffs Osterfest gesungen
wird: Es war ein wunderlicher krieg / da tod vnd leben
rungen / Das leben behielt den Sieg / Es hat den tod
verschlungen. Die schrifft hat verkündiget das / wie der
eine tod den andern fras / ein spott aus dem Tod ist geworden.

Tod / wo ist dein stachel? Helle /
wo ist dein Sieg?

Wie die Jüden des HERRN JESU Christi /
als er am Creutze hieng / spotteten: Also werden die
Gottseligen nach der aufferstehung vnd verwandelung
am Jüngsten tage / des todes vnd der Hellen widerumb
spotten im ewigen leben / vnd zu jnen sprechen: Pfui
dich an / du leidiger hesslicher tod / wo ist nu dein stachel /
damit du vns gestochen / gewürget vnd getödet hast?
Sihe nu ist dir dein stachel zubrochen / das du vns nicht
mehr

mehr stechen würgen/ morden vnd tödten kanst/ jtzt sind
wir sicher für dir vnd deinem stachel/ vnd leben dir vnd
zu toß vnd spot in ewiger frewde vnd herrligkeit/ vnd
dürffen vns nicht mehr für dir fürchten noch erschrecken ewiglich.

Helle wo ist dein sieg?

Das heisset/ wie Doctor Luther vber diese wort schrei-
bet/ dem tode vnd der hellen ein knyplin geschlagen/ vnd
gesprochen: Lieber tod beis mich nicht/ Sey nu böse
vnd würge mich. Trotz teuffel vnd helle/ krümmet mir
ein herlin/ wo seid jr nu jr bösen leutfresser? Also das
als denn nicht anders wird heissen/ denn ein lauter ge-
spött aus dem tod/ helle vnd teuffel getrieben/ vnd wie
sie jtzt wider alle welt rühmen vnd spotten/ trotz das du
mir entlauffest/ Also wirts sich als dan vmbkeren/ das
wir vnse mütlin an jnen widerumb külen werden/ vnd
ewiglich trotzen vnd sagen: Las sehen was kanstu nu
würgen? Ja es ist dir verbotten vnd must nu selbs da li-
gen/ mit allen schanden/ vnd den spot dazu haben.

Aber der stachel des Todes ist die Sünde.

S. Paul stellet den Teuffel für als einen grossen/ ge-
waltigen vnd starcken Riesen/ vnd grausamen vnd
Mörderschen Tyrannen/ der in seinen henden einen
schrecklichen Spies habe/ damit er durch das gantze
menschliche geschlechte geh/ vnd alle on allen vnder-
scheid der personen steche/ würge vnd morde. Die Sünde aber sey dieses Spiesses stachel/ welcher das er so viel
ehe/ besser vnd krefftiger durch dringe/ verwunden/ ver-
setzen vnd tödten könne/ durchs gesetze Gottes/ als von
einem Wetzstein/ gewetzet vnd geschérffet werde. Der
HERR

HERR Christus aber als ein noch viel gewaltiger vnd sterker Riese vnd Helt / sintemal er nicht allein warer Mensch / sondern auch warer Allmechtiger Gott ist / mache sich in seiner frölichen vnd sieghafften Aufferstehung / an den Teuffel / neme jme diesen Spies aus den henden / vnd zubreche jn / vnd zerschlage / zermalme / vnd mache zu nichte den stachel / vnd schaffe den wetzstein ab / nehme dem Teuffel seinen Pallast vnd füre jn gefenglich weg / vnd schencke vns seinen gleubigen Christen diesen seinen Sieg vnd vberwindung. Hie von redet auch der Prophet Esaias Cap. 9. Du hast das Joch jrer last vnd die rute jrer schulter / vnd den stecken jres treibers zubrochen / wie zur zeit Midian. Durch das Joch der last verstehet der Prophet den tod / welcher den Gottlosen eine viele schwerer last ist / als man gedencken vnd reden kan / Christus aber zubricht dis Joch den seinen / vnd macht das sie jn nicht schmecken mussen ewiglich. Joh. 8. Durch die rute der schulter verstehet er die Sünde / dadurch das gewissen grewlicher gesteupet vnd gegeisselt wird / als wen der hencker einen mit scherfflichen scherffen ruten am Pranger geisselet vnd steupet. Der HERR Christus aber zubricht diese rute auch / seinen gleubigen Christen / das sie damit nicht gesteupet werden / sintemal er jre Sünde tilget / vnd jnen derselben vergebung erwerbet. Esai. 43. Ich / Ich tilge deine vbertrettung vmb meinent willen / vn gedencke alle deiner Sünde nicht. Acto. 10. Von diesem (JESV Christo) zeugen alle Propheten / das durch seinen namen alle die an jn gleuben / vergebung der Sünde entpfahen. Durch den treiber verstehet der Prophet das Gesetze / vnd durch seinen stecken / seinen fluch. Denn das Gesetze vns mit seinem fluche treibet vnd schlegt /

D iij wie

wie die Vögte die Pawren vnd das gesinde mit stecken vnd spiessen treiben vnd schlagen. Diesen stecken des treibers zubricht Christus auch/ sintemal er vns erlöset hat vom fluch des Gesetzes/ da er ward ein fluch für vns Gal. 3. Das aber Esaias ferner hinzu thut/ wie zur zeit Midian/ damit zeiget er an/ das der HERR Jesus Christus werde wider seine feinde Siegen/ dergestalt/ wie Gideon wider die Midianiter gesieget vnd sie vberwunden hat/ da von man lesen kan im buche der Richter am 7. Capitel. Der Richter Gideon vberwindet das grosse heer seiner vnd seines volcks Feinde von den Midianitern/ hundert vnd fünff vnd dreissig tausent man durch einen gar geringen hauffen/ von drey hundert Man/ in drey hauffen geteilet/ als er einem jglichen eine Posaune in seine rechte/ vnd ledige krüge vnd fackeln in seine lincke hand gegeben hatte/ vnd sie die krüge zubrechen/ die Posaunen blasen/ vnd vberlaut schreien vnd ruffen müssen/ Hie Schwert des HERRN vnd Gideon/ darauff es der HERR schaffte/ das im gantzen heer der Midianiter/ eines jglichen Schwert wider den andern war/ vnd sie sich selbs auffriebeten/ das nur funfftzehen tausent vberblieben/ weil hundert vnd zwantzig tausent gefallen/ vnd vmbkomen waren.

Also vberwindet der geistliche Gideon der HERR Christus den tod/ durch das blasen der Posaunen des Euangelij/ so er prediget vnd predigen lesset/ vnd durch seinen tod/ als sein krug/ das ist/ sein menschlicher leib/ welcher den vnsern gleich wie ein krug von Erden ist/ darin die Fackel seiner Gottheit leuchtet vnd scheinet/ zubrochen wird. Denn als im tode/ Christi leib/ wie ein krug zuschlossen vnd zuschlagen wird/ würget sich der
Tod

Tod selbs. Gleicher gestalt gehet es auch zu mit den geringen heufflin der Christen/ die an JESUM Christum gleuben/ das weil sie die Posaunen des Euangelij füren/ vnd in jnen die Gottheit/ welcher tempel sie sein/ 1. Corinth. 3. wonet vnd lauchtet/ der tod jre gemacht wird/ das er sich selbst würget vnd auffreibet/ wen jre jrdische krüge oder gefesse/ 2. Corinth. 4. das ist/ jre leibe/ so erde sind/ im tode zustossen vnd zubrochen werden. Denn als dan siegen sie mit Christo vnd komen ins ewige himelsche freuden leben.

Aber der stachel des Todes ist die Sünde. Der tod were ein stumffer Spies/ der vns nicht stechen noch hinrichten konte/ wenn es sein stachel die Sünde nicht thete. Denn der tod hat seine macht zu stechen vnd würgen von der Sünde / Rom. 5. Durch einen Menschen ist die Sünde in die welt komen/ vnd der tod durch die Sünde/ vnd ist also der tod zu allen menschen durch gedrungen/ dieweil sie alle Sünder sind. Rom. 6. Der Tod ist der Sünden solt. Demnach/ soll der Tod nicht stechen/ morden vnd hinrichten/ so mus sein stachel die Sünde durch Christum abgeschaffet vnd vertilget werden. Hie von singen wir auff das Osterfest in dem vber aus herrlichen/ schönen geistlichen Liede Doctoris Martini Lutheri/ Christ lag in todes banden/ etc. Den tod niemand bezwingen kund/ bey allen Menschen kindern/ das machet alles vnser Sünde/ keine vnschult war zu finden/ dauon kam der tod so bald/ vnd nam vber vns gewalt / hielt vns in seinem Reiche gefangen.

Jesus Christus war Gottes Son an vnser stat ist komen/ vnd hat die Sünde abgethan / damit dem tode genomen/ all sein recht vnd seine gewalt/ da bleibt nichts denn des todes gestalt/ den stachel hat er verloren.

Die krafft aber der Sünde ist das Gesetze.

Das des Todes stachel/ die Sünde/ so trefflich krefftig ist zu stechen/ würgen/ tödten/ vnd hinzurichten/ das hat sie vom Gesetze/ welchs jre krafft ist. Denn das Gesetze ist wie ein wetzstein/ dadurch die Sünde gewetzet vnd gescherffet wird/ das sie zu verletzen vnd tödten grösser krafft empfahet. Rom. 3. Durch das Gesetze komet nur erkentnis der Sünde. Rom. 7. Ohn das Gesetze war die Sünde tod (das ist/ rugete/ vnd schreckete mich nicht) Ich aber lebete etwa on Gesetze (das ist/ ich verstund etwa nicht das ich vom Gesetze angeklaget vnd verdammet ward) Da aber das gebot (das Gesetze) kam/ ward die Sünde wider lebendig (wachte auff/ vnd erschreckete mich) ich aber starb (ich fülete des zeitlichen vnd ewigen todes schrecken) Vnd bald hernacher. Die Sünde/ auff das sie erscheine wie sie Sünde ist/ hat sie mir durch das gute (das Gesetze/ welches an sich gut ist) den Tod gewircket/ auff das die Sünde würde vber aus sündig durchs gebot. Christus aber erfüllet für vns das Gesetze/ vnd bezalet für die vbertrettung von vns da wider geschehen. Matth. 5. Ich bin nicht komen auffzulösen (das Gesetze) sondern zu erfüllen. Rom. 8. Das dem Gesetze vnmüglich war (sintemal es durchs fleisch geschwecht ward) das that Gott/ vnd sandte seinen Son/ in der gestalt des sündlichen fleisches/ vnd verdampte die sünde im fleische durch sünde (das ist/ durch das Opffer/ für die sünde/ seines eigen Leibes) auff das die Gerechtigkeit vom Gesetze erfoddert in vns/ erfüllet würde. Demnach kan das Gesetze/ die Sünde/ als des Todes stachel nicht wetzen vnd scherf-

ſcherffen / vns krefftig zu ſtechen/ hinzurichten vnd zu tödten.

Gott aber ſey danck/ der vns den Sieg gibt durch vnſern HERRN Jeſum Chriſtum.

Den Sieg welcher Gottes Son vnſer HERR vnd heiland Jeſus Chriſtus wider den Teuffel/ Tod/ Helle/ Sünde vnd Geſetze/ erhalten/ hat Gott vns geſchencket vnd gegeben / das wir denſelben für vnſern vnd alſe vnſern eigen Sieg gebrauchen/ vnd ſiegen wir auch wider dieſelbige feinde durch jn. Hiefür gebüret vnſerm HERRN Gott je billig danck/ vnd dancken jme auch billig beide in dieſem vnd jenem ewigen leben / ewig dafür. Iſt alſo die vrſache der todten aufferſtehung/ der Sieg Jeſu Chriſti/ dadurch er den teuffel vberwunden/ vnd jme den kopff zutretten/ den tod verſchlungen/ die helle zubrochen vnd zuſtöret/ die Sünde ausgetilget/ dem Geſetze für vns vollenkomen gehorſam geleiſtet/ vnd für die vbertrettung / ſo wir dawider begangen / genugſame bezalung gethan hat.

Die wercke aber / ſo die Gottſeligen nach irer aufferſtehung am Jüngſten tage im ewigen leben verrichten/ ſind kurtzlich wie die alhie angezeiget werden. Zum erſten/ das ſie des todes vnd der Hellen ſpotten werden/ das ſie jnen nicht mehr ſchaden zu fügen können/ ſondern ſie ferner vngeſtochen/ vnbeſchediget vñ vngetödet/ ewig lebendig/ in ewiger himliſcher frewden/ bleiben laſſen müſſen. Zum andern / das ſie Gott ewig dancken vnd loben werden für dieſen Sieg des HERRN vnd heilandes Jeſu Chriſti/ wider die gemelten ſeine vnd vnſere feinde / den Teuffel/ den Tod/ die Helle / die

E   Sünde

Sünde vnd das Gesetze / welchen er vns gegeben / vnd das wir also durch jn auch gesieget haben. So wird auch sonsten im ewigen leben vnser fürnemestes / stettiges vnd nimer auffhörendes werck sein / Gott dancken / preisen vnd loben / wie zum beweis desselben S. Augustinus lib. 16. de ciuitate DEI cap. 30. mit gebrauchet / den spruch Psalm. 84. Wol denen die in deinem hause wonen / die loben dich jmerdar / oder in ewigkeit / Sela. Denn weil im ewigen leben / wie S. Augustinus hinzu thut / alle glieder des vnuerweslichen leibes / den vielfeltigen nötigen gebrauch dieses lebens nicht mehr haben werden / so werden sie jre geschefftte vnd wercke mit ewigem danck vnd lob Gottes ewig / verrichten vnd volnführen. Dis sey also genung vom abgelesen Text.

Jtzt will ich Christlichem vblichem gebrauch nach / kürtzlich etwas von der seligen fromen Fürstin / Christmilter vnd hochtoblicher gedechtnis / welcher Fürstliche Leiche an diesen Ort gesetzet ist / melden / aber nicht anfenglich sagen / wie die weltlichen redener zuthun pflegen / von J. F. G. königlichen geburt / das jr herr Vater / der durchleuchtigste vnd groszmechtigste Fürst vnd herr / herr Friderich / des namen der erste / König zu Dennemarcken vnd Norwegen etc. auch Christmilter hochlöblicher gedechtnis / gewesen / sintemal J. F. G. selbs dis für jre gröszste herrligkeit vnd hoheit gehalten / das sie in jrer Tauffe / aus dem wasser vnd Gast / zu Gottes kind widergeboren war / auch nicht von andern weltlichen dingen / dauon die weltkinder ruhm haben vñ suchen / dieweil J. F. G. die gantze welt mit S. Paul gecreutziget war / vnd sie derenthalben von weltlichen dingen niemals ruhm gesucht / sondern all jre geschefftte vnd

vnd thun/ zu Gottes ehren gerichtet/ wie sie sich hie zu
selbst vermanete/ durch jren reimen/ den sie füreto.

Alles zu Gottes Ehren.

Es ist/ J. F. G. fürnemeste sorge vnd weisheit gewe-
sen/ die ware erkentnis des waren Gottes/ vnd hat jn
auch recht vnd warhafftig erkant/ wie er sich selbst in
seinem wort/ in der Tauffe des HERRN Christi/
vnd andern Göttlichen gezeugnissen kund gethan vnd
geoffenbaret hat. Den morgen statete J. F. G. niemand für sich/ sie hatte denn zuvor/ nach dem Exempel
jres herrn Bruders/ des Durchleuchtigsten vnd gros-
mechtigsten Fürsten vnd herrn/ herrn Christians des
dritten/ Königs zu Dennemarcken vnd Norwegen etc.
Gleichfals Christmilter vnd hochlöblicher gedechtnis/
jr Gebett geendigt vnd etwas aus der Bibel/ vnd andern Büchern/ darin Gottes wort erkleret war/ gelesen. Es hörete nicht allein J. F. G. in den offentlichen predigten Gottes wort gerne vnd vngeseumet/
vnd hatte nicht allein vleissig acht auff das/ was geredet ward/ sondern sie bewarete es auch in jrem herzen.
Konte auch wol leiden/ das die Prediger die Sünde
ernst vnd hart mit gebürender Christlicher bescheiden-
heit straffeten/ wie hie von auch ein offentlich gezeugnis
gibt/ der ehrwirdiger vnd hochgelarter/ herr Tileman-
nus Heßhusius/ der heiligen schrifft Doctor vnd Pro-
fessor in der Julius Vniuersitet Helmstad/ in seinem
Buch von Christlichem vnterricht/ wie man beten soll.
Denn als in seiner gegenwart bey J. F. G. einer
scharffen straffpredigt gedacht war/ hatte sie Christlich
vnd löblich gesagt: Ich weis einen guten griff vnd
rechte weise/ mit Gott vnd mit Predigern zu handeln.

E ij　　　　Wenn

Wenn ich aus Menschlicher schwacheit gestrauchelt habe/ vnd aus Gottes wort vermanet werde/ will ich meine schwacheit nicht verteidigen. Denn damit würde ichs viel arger machen/ sondern bekennen vnd Gott vmb gnade bitten/ nicht mehr zürnen vnd ir Prediger habt nicht mehr zu straffen. Auff die Visitationes hatte J. F. G. sonderliche achtung/ vnd vermanete die Superintendenten/ das sie vleissig auffsehen hetten/ auff die Prediger in jren kraisen/ das sie jren Zuhörern mit bösem leben nicht ergerlich weren.

Es hatte aber J. F. G. gerne einheimische vnd bekante Prediger/ vnd widerholete offt das sprichwort/ des Durchleuchtigen hochgebornen Fürsten vnd herrn/ herrn Heinrichs weiland gewesenen Hertzogen zu Meckelnburg/ auch Christmilter/ hochlöblicher gedechtnis/ Mit eigen Ochsen ist gut pflügen. Das die Kirchengebewte zierlich gefertiget/ geschmücket vnd ernewert wurden/ fodderte J. F. G. mit sonderlichem Vleis/ wie zu ersehen ist an der herrlichen grossen kirchen/ zu Dobberan/ an der Thumkirchen zu Güstrow/ vnd an andern. Wenn J. F. G. bey einer Dorffpfarren anlangete/ gieng sie selbst hinein/ vnd da mangel war am gebewte/ aus vnd inwendig/ bestellete sie was solte gebawet werden/ redete auch mit den Predigern/ vnd vermanete sie zu trew vnd vleis in jrem Ampt/ vnd einem Gottseligen Christlichem leben vnd wandel/ vnd da die Kirchen geringe einkomen hatten/ vermachte sie jnen/ von dem jren newe hebungen zu den vorigen. Mit jrem Herrn vnd Gemahl hat J. F. G. nu in die dreissig Jar in solcher grosse liebe/ einigkeit vnd vertrawen gelebet/ das man sich darüber frewen vnd wundern musste/ vnd noch mus.

Ich

Ich vnd andere haben viele Gottselige vnd Christliche reden von J. F. G. gehöret. Do sie mich auff eine zeit in das Gemach / da dem domals noch seher jungen Herrn / dem jtzigen Prinßen zu Dennemarcken vnd Norwegen Herrn Christiano dem vierden etc. den Gott der HERR lange fristen vnd beim leben erhalten wolle / das essen auffgetragen war / foddertte / muste der Junge herr stehende vnd mit erhobenen henden zu Gott beten / vnd sprach J. F. G. darauff / Wir die wir Königliches vnd Fürstliches geblüts vnd geschlechtes sind / sind je so wol vnter Gott alse jr andern / vnd gebüret vns nicht weniger jn zu eheren als euch andern. Auff eine ander zeit hörete ich diese Christliche rede von J. F. G. / Ich bin eins Königs Tochter / vnd eines Fürsten Gemahel / noch kan ich nicht sagen / wie es mir vor meinem ende gehen werde. Gott behüte mich für vnglücke. Gott hat J. F. G. behütet / er behüte vns andern auch hinfodder gnediglich. Do J. F. G. vor ellichen jaren auch ins Reich Dennemarcken / in der nachtschiffeten / vnd ich zu J. F. G. in vnterthenigkeit sprach / Ob sie sich in der nacht / wie es domals war / wolte auff das grosse Meer begeben / antworte sie / Vnser HERR Gott ist ein Gott so wol des nachts als des tages / vnd so wol vber das Wasser als vber die Erde / betet ein Vater vnser für mich. Von fürstlichen dienern pflag J. F. G. zu sagen / das niemand solte für der herrn vngnade erschrecken / wenn er recht gethan / vnd mit vnrechte angegeben were / sintemal wen die warheit ans liecht keme / ein solcher Diener dem herrn am liebesten würde. Wiederumb solte sich niemand auff herrn hulde also verlassen / das er wolte vnrecht thun. Denn es were vnd bliebe war / Hertzog

Heinrichs zu Meckelnburges ec. Sprichwort: Grawe
rock reis nicht/herrn hulde erbet nicht. Wenn J.F.G.
gnediz begerte/ das man jr Kirchen vnd ander Diener
fürschlagen solte/vñ von demselben/der genennet ward/
sagete/ das er from were/ sprach sie/ ja from mus er
sein/ Aber Hertzog Heinrich fragete/ kan er auch mehr
als from sein/wird er sein Ampt auch gebürlich verwal-
ten können. Mehr kan ich wegen der kürtzen zeit von
J. F. G. Christlichen vnd hochweisen Fürstlichen reden dismal nicht melden/ vnd mus solches zu einer andern gelegenheit gesparet werden. Wie zierlich J. F.
G. das Closter Rhüne hat bawen/ vnd für Witwen
vnd Jungfrawen/ mit grossem vnkosten widerumb an-
richten lassen/ Wie vleissig J. F. G. auff die haus-
haltung gesehen/ wie vberaus gnedig J. F. G. mit den
Vaterthanen vnd andern geredet/ vnd wie hefftig sie
der vnzucht/ lügen vnd aller vntugent feind gewesen/
mus allhie auch verbey gangen werden.

Wie aber J. F. G. leben/ Also ist auch ihr
ende Christlich vnd Gottselig gewesen/ das sie in
jrem sterbbette sich gar mit keinen welthendeln bemü-
hen/ noch derselben mit keinem wort gedencken wollen/
sondern hat allein sich mit Gott vnd dem Gebete be-
mühet/vnd ist selig im HERRN entschlaffen/ das
die so vmb J. F. G. gewesen/ sagen/das sie nicht anders zu sterben wündschen vnd begeren. Demnach ist
gewisse vnd war/ das J. F. G. selige Seele angethan
mit weissem freuden Kleide/ vnd mit Palmen in jren
henden/ für dem Thron Gottes vnd dem Lamb Jesu
Christo/ Apoca. 7. des todes vnd der helle spotte/ vnd
Gott lobe vnd ehre. J. F. G. Fürstlicher leib aber
schlefft vnd ruhet bis auff den Jüngsten tag/darauff
er zu

zu ewiger freud vnd herrligkeit auffwachen vnd auff-
stehen/ vnd mit seiner Seelen widerumb vereinigt in
ewigkeit des Todes vnd der Hellen spotten / vnd Gott
für den / durch Jesum Christum vnsern HERRN
gegebenen Sieg dancken wird.   Wir aber willen ja
vnserm HERRN Gott von hertzen dancken/das er die
Durchleuchtige Hochgeborne Fürsten vnd herrn/ herrn
Vlrichen vnd herrn Sigismundum Augustum/ Hertzogen zu Meckelnburg etc. vnsere gnedige herrn/ sampt
allen die bey J.F.G. gewesen/ wiewol in grosser traw-
rigkeit/ doch gesund widerumb anhero gebracht hat/vnd
jn daneben mit hertz vnd mund bitten / das er den hoch-
gemelten vnsern gnedigen herrn/ Hertzogen Vlrichen
wie dann auch die K. M. zu Dennemarcken/ meinem
gnedigsten Herrn/ vnd die Königin/ der seligen Fürstin vielgeliebste Tochter/ meine gnedigste Frawen/in
dieser grossen trawrigkeit durch seinen heiligen Geist
krefftig trösten/ vnd J.K.M. vnd F.G. sampt
allen Hertzogen vnd Hertzoginnen zu Meckeln-
burg/ vnd dem Königlichen vnd Fürstlichen
Hause zu Dennemarcken vnd Holstein
vnd allen Christlichen Potentaten
vnd Oberkeiten / lange gesund
vnd für allem vbel Leibes
vnd der Seelen bewa-
ret/ gnedig erhal-
ten wolle.